전자책으로
두번째월급만들기

'디지털노마드의 재택부업'

명두식 지음

전자책으로 두 번째 월급 만들기

발　행 | 2020년 09월 10일
저　자 | 명두식
펴낸이 | 한건희
펴낸곳 | 주식회사 부크크
출판등록 | 2014.07.15.(제2014-16호)
주　소 | 서울시 금천구 가산디지털1로 119, SK트윈타워 A동 305호
전　화 | 1670 - 8316
이메일 | info@bookk.co.kr

ISBN | 979-11-372-1769-0

www.bookk.co.kr

Digital Nomad

생각의 고정관념을 깬다면 좀 더 넓은 세상이 보입니다.

CONTENTS

CONTENTS

Chapter_04.
누구나 하는 글쓰기

Chapter_05.
전자책 완성

프롤로그

　책을 자주 접하거나 관심이 있는 사람들은 한 번쯤 작가라는 타이틀을 꿈꿔보지 않았을까 생각한다. 글을 쓴다는 것은 참으로 매력적인 일이다. 요새는 개인 SNS, 블로그 등을 통하여 자신의 생각이나 일상들을 사진과 함께 글로 기록한다. 어쩌면 작가라는 거창한 타이틀은 이렇게 작은 것부터 시작하는 것이 아닐까?

　지금처럼 출판업의 혁신적인 신개념 유통이 이뤄지고 있는 사회에서 글을 쓰려는 의지만 있다면 누구나 작가가 될 수 있다. 우리가 흔히 알고 있는 것처럼 출판사와 계약을 통하여 인쇄소에서 책을 인쇄하고, 계약된 서점을 통하여 책을 유통하는 것이 기존의 책 출간 방법이었다.

물론 지금도 대부분의 책들이 이렇게 유통되고 있지만 재능플랫폼이라는 서비스를 통하여 개인이 쓴 글을 쉽게 판매할 수 있는 시대가 온 것이다. 출판사와 계약 없이 자신이 쓴 글을 재능플랫폼 업체에 등록하고 판매하면서 수익 창출을 하는 것이다.

지금 이 글을 읽는 당신도 본문을 통하여 전자책 만드는 방법을 습득하고 출간하면 자신만의 파이프라인을 구축하면서 디지털 노마드라는 새로운 환경에 발을 들이게 된 것이다.

명두식

Chapter_01

Chapter_01
요즘 트렌드 전자책

지금은 전자책 시대

 전자책을 쉽게 풀이를 한다면 말 그대로 전자기기를 통하여 읽을 수 있는 책이다. 전자책은 기존의 종이책보다 휴대가 편리하고 다양한 기능(글꼴, 넓이, 크기, 북마크, 캡처 등)을 통하여 본인이 원하는 형태로 책을 읽을 수 있다.

 스마트폰의 대중화로 이제는 언제 어디서든지 전자책을 접할 수 있으며, 휴대용 하드웨어의 발달로 전자책을 읽을 수 있는 전용기기 등도 출시되었다. 또한, 전자책은 데이터 방식으로 이루어져 있기에 휴대기기 안에 수천 수 만권의 책들을 저장할 수 있다.

 전자책은 클릭 한 번이면 내가 원하는 책을 볼 수 있고, 책 속의 떠오른 단어를 검색만 해도 해당 페이지를 바로 찾아볼 수 있다. 그리고 원하는 문구는 언제든 마킹이 가능하며, 원치 않을 시에는 마킹한 부분도 지울 수 있다. 이처럼 전자책은 매우 편리한 리딩 서비스를 제공한다.

 하지만 전자책에도 단점은 있다. 바로 하드웨어 배터리의 소진이다. 너무나도 당연한 얘기지만 전자책을 보관한 하드웨어에 배터리가 없다면 전자책을 읽을 수 없다. 또한, 인터넷 접속을 통한 전자책은 인터넷을 통해서만 읽을 수 있다. 그리고 전자책은 전자기기를 통하여 장시간 화면을 봐야 하므로 종이책보다 눈의 피로도가 더욱 높은 편이다.

이 같은 단점들이 있음에도 불구하고 전자책은 앞서 언급한 높은 장점들로 인하여 그 시장은 점점 커져가고 있다. 그리고 21세기를 살아가는 지금 전자책이 기존의 종이책 보다 더욱 진보된 문화라는 것은 분명하다.

이제 여러분들과 나는 전자책 시장이라는 디지털 문화 속에서 공급원의 일원이자, 전자책 시장을 개척해 나가는 한 부분이 될 것이다. 디지털 노마드의 첫걸음, 전자책 시장에 들어온 걸 환영한다.

'시작은 반이다. 벌써 반을 완성한 것을 축하한다.'

이제는 나도 작가님

작가란 무엇일까? 쉽게 이야기하면 글을 쓰는 사람이다. 그리고 글을 읽는 사람들을 독자라고 한다.

작가는 자신의 생각이나 이야기를 글로 표현하고 독자는 글을 읽으면서 그것들을 간접적으로 체험한다. 독자 중에는 작가의 글에 불만이 있는 사람도 있을 것이고 공감하면서 유대관계를 형성하는 사람도 있을 것이다. 이것들은 모두 다 책이라는 매개체를 통해서 이뤄진다.

대부분의 사람들은 책을 쓴 경험이 많지 않을 것이다. 현대사회에서 바쁜 일상으로 살아가다 보니 시간이 없는 이유도 있겠지만, 그보다 책이라는 단어 자체에 내포된 전문성과 방대한 양의 글에 쉽게 도전하지 못하기 때문이다. 하지만 재미있게도 사람들은 자신이 모르는 사이에 책을 쓰면서 살아간다. 좀 더 명확히 이야기한다면 글을 쓰면서 살아간다.

친구랑 주고받는 메일, 직장 내에서 작성하는 기획안, 사람들과 대화한 메신저 내용, SNS에 올린 피드들. 여기에 이것들을 사용한 시간이 더해지면 그 글의 양은 책 한 권의 분량 이상으로 나올 수 있다. 그리고 그것들을 압축시켜서 책으로 출간하면 된다. 즉, 사소한 이 모든 것들이 책으로 만들 수 있는 재료들인 것이다.

지금 이 글을 읽는 모든 사람들은 위에 언급한 것들을 한 개 이

상찍은 하고 있을 것이다. 이처럼 글을 쓰는 것은 어려운 일이 아니다. 특히 SNS 활동을 하는 사람들은 더욱 수월하게 책을 쓸 수 있다. SNS의 글 자체가 자신의 주관된 생각을 표현하고 다양한 사람들에게 노출 시키면서 내가 쓴 글의 피드백을 받기 때문이다.

다시 한번 말하지만, 여러분이 살아오면서 적어왔던 모든 글은 책으로 만들 수 있다. 모든 것은 소스가 되고 글의 바탕이 되며 하나의 주제가 되기 때문이다. 그리고 한 권의 책을 쓴 당신에게 사람들은 이렇게 부를 것이다.

'작가님'

작가라면 조금 뻔뻔하게

'마! 내가 누군지 아나?' 이 멘트를 어디선가 많이 들어봤을 것이다. 바로 영화 '범죄와의 전쟁'에서 나오는 극 중 최민식님의 대사다. 그리고 이런 멘트는 어쩌다가 한 번씩 현실에서도 들을 수 있다.

"야! 너 내가 누군지 알아?"

물론 아쉽게도 저런 멘트를 하는 사람들을 우리는 대부분 잘 모른다. 그리고 일반적으로 저런 뻔뻔한 멘트를 하는 사람들을 가까이하고 싶지는 않을 것이다. 하지만 미안하게도 당신은 저런 멘트를 해야 한다. 다시 말해, 작가는 조금 뻔뻔해야 한다는 것이다.

소비자들은 작가가 정말 유명인이 아니라면 누군지 모른다. 아마도 이 글을 보면서 '책이 내용만 좋으면 됐지.'라고 생각하시는 분들도 있을 것이다. 물론 책 내용이 가장 중요한 건 사실이다. 하지만 소비자가 책을 읽지 않는다면 아무리 좋은 내용이라도 무슨 소용이 있을까?

전자책은 종이책처럼 서점에서 무료로 읽지 못하고 구매를 해야지만 볼 수 있다. 즉, 책이 팔려야 한다. 책이 팔려야 사람들이 여러분의 글을 읽을 것이고 판매되는 수익으로 디지털 노마드 삶도 할 수 있는 것이다. 그러기 위해서는 책의 매력을 더할 수 있는 것들을 찾아야 하는데 그중 하나가 바로 작가의 프로필이다.

작가의 프로필은 굳이 없어도 책을 판매할 수도 있지만, 매력적인 부분이 있다면 그것을 소비자에게 홍보하고 판매하는 것이 더욱 도움이 된다. 특히, 전문서적 같은 경우에는 작가의 프로필이 구매 결정에 있어 큰 비중을 차지한다. 마케팅 관련 책을 썼는데 작가가 해당 업종에 경력이 전혀 없다면 그 책을 구매하려는 소비자는 없을 것이다. 그러므로 내가 쓴 책이 나와 관련이 있거나 매력을 더할 수 있는 다른 것이 있다면 조금은 뻔뻔하더라도 무조건 내세워야 한다.

'소비자는 자신보다 뛰어난 사람의 글을 읽으려고 한다.'

Chapter_02

Chapter_02
나의 두 번째 월급

나도 한다, 디지털 노마드

디지털 노마드(Digital Nomad). 말 그대로 얘기하면 '디지털유목민'이다. 좀 더 일상적인 용어에 맞게 해석한다면 인터넷이 가능한 공간에서 시간과 장소에 구애받지 않고 일을 할 수 있는 사람이다.

이 얼마나 멋진 일인가! 매일 출근하지 않고 원하는 시간에 일을 할 수 있다는 것이. 이것이 바로 디지털 노마드의 삶이다.

카페에서 글을 쓰다 멍하니 바라본 창밖 풍경은 높은 빌딩들이 빼곡히 자리하고 있었다. "아..바다가 보고 싶네." 혼잣말을 중얼거리다 문득 시계를 봤다. 오후 12:14분. 무엇인가 홀린 듯 나는 가방을 챙겨 카페를 나와서 김포공항으로 향했다. 그리고 바로 떠날 수 있는 비행기에 몸을 싣고 무작정 도착한 제주도.

공항을 나와 택시를 타고 바라본 창밖의 풍경들은 푸른 바다와 이국적인 야자수 나무들이 즐비하고 있었다. "진짜 제주도에 와버렸네..ㅎㅎ" 그렇게 창밖을 보며 신난 듯 미소짓는 내 모습이 왠지 낯설지는 않았다. 택시를 타고 도착한 곳은 월정리 해변에 위치한 작고 아담한 카페였다. 나는 카페에 들어와서 바다가 보이는 테라스의 구석진 녹색 쇼파에 앉았다. 그리고 푸른 바다와 시원한 파도소리에 좀 더 여유 있는 마음으로 다시 글을 쓰기 시작했다.

이 이야기는 디지털 노마드의 삶의 일부분이며, 누구나 할 수 있는 일이다. 다시 한번 이야기를 하면 디지털 노마드는 시간과 장소에 구애받지 않는다.

 직장을 다니거나 직접장사를 한다면 위 이야기가 비현실적으로 들릴 수 있다. 하지만 디지털 노마드 활동이 조금씩 본업의 수익을 넘어선다면 분명 가능한 일이다. 그러기 위해서는 시간이 날 때마다 자신만의 디지털 노마드를 위한 일을 만들어야 한다. 디지털 노마드는 전자책에 한정되는 것이 아니다. 전자책뿐만 아니라 다른 것들(유튜브, 블로그, 인스타그램 등)로도 디지털 노마드의 삶을 만들어 갈 수 있다. 전자책은 그저 디지털 노마드의 한 부분일 뿐이다.

'당신이 팔 수 있는 콘텐츠는 무엇인가?'

나의 첫 번째 파이프라인

재테크에 관심이 있다면 '파이프라인'이라는 단어를 한 번쯤 들어 봤을 것이다. 파이프라인은 석유, 천연가스 등을 수송하기 위하여 매설한 관로라고 지칭하지만, 디지털 노마드의 삶에서는 돈이 들어 오는 통로라고 생각하면 된다.

내가 노동을 하지 않아도 언제든지 파이프라인을 통해서 돈이 들어올 수 있는 것이다. 내가 여행을 하거나 데이트를 하거나 아니면 잠을 자는 순간에도 나만의 파이프라인을 통해서 돈이 들어올 수 있다. 지금 쓰고 있는 이 글도 출간이 되면 나의 파이프라인 중 한 가지가 된다. 파이프라인을 구축하는 방법 중 하나가 바로 전자책이기 때문이다.

전자책은 콘텐츠로서 재고가 필요 없는 무한 판매가 가능한 상품이다. 한 권을 팔던 백만 권을 팔던 한 번만 만들어 놓으면 된다. 이 말은 판매만 잘한다면 무한수익을 실현할 수 있다는 얘기다. 그리고 판매처는 재능플랫폼(크몽, 탈잉, 오투잡)과 출판플랫폼(부크크, 유페이퍼)을 통해서 판매할 수 있다.

재능플랫폼은 내가 만든 콘텐츠를 판매할 수 있으며, 대표적인 사이트로는 크몽이 있다. 크몽의 판매방식은 구매자에게 전자책 파일(PDF)을 직접 전송하며, 출판플랫폼은 파일등록을 해놓으면 구매자가 직접 다운을 받을 수 있다. 이렇게 판매를 시작하게 되면 나만의 파이프라인을 한 개 구축한 것이다.

그리고 만들어 놓은 파이프라인을 통해서 또 다른 파이프라인 구축이 가능하다. 전자책을 만들어 본 경험을 바탕으로 본 책과 같은 전자책 만들기 책을 쓸 수 있고, 소수 강연도 할 수 있다. 참고로 강연은 전문가만 할 수 있다는 고정관념은 버리길 바란다. 강연은 나의 지식이나 경험을 타인에게 알려주는 누구나 할 수 있는 일이다.

이처럼 전자책을 한 권 써놓으면 여러 개의 파이프라인을 만들 수 있다. 그리고 위와 같이 파이프라인을 연계하는 방법이 어렵다면 전자책을 더 쓰면 된다. 쉽게 말해서 전자책 열 권을 쓰면 열 개의 파이프라인을 만드는 것이다.

'파이프라인은 무한 연결이 가능하다.'

너무 쉬운 작심3일

우리는 어떤 목표를 갖고 실천할 때 작심삼일이라는 표현을 많이 쓴다. 이 말은 3일 이상 실천하지 못하고 중간에 포기한다는 뜻이다. 그런데 이 말을 반대로 생각하면 3일까지는 목표실천을 위해 노력한다고 해석할 수 있다.

하루에 시간을 얼마만큼 투자하느냐에 따라 차이가 있겠지만 목표를 위해 3일이라는 시간은 결코 부담되는 시간이 아니다. 그리고 3일을 언급하는 이유는 3일이면 전자책을 완성할 수 있기 때문이다.

그 이유는 전자책에는 최소한의 페이지 기준이 없다는 것이다. 즉, 7페이지 내용으로 전자책을 만들어도 되고 실제로도 나는 크몽에서 7페이지의 전자책(13,000원)을 판매하고 있다. 이 사항은 크몽을 기준으로 예를 들었지만, 크몽이 가장 활발하게 전자책 거래가 이뤄지는 곳이기도 하다.

3일 안에 7페이지 글쓰기. 어떤가? 분명 부담 없이 도전할 수 있는 과제이다. 사람마다 차이는 있겠지만 1시간 안에도 쓸 수 있는 분량이다. 이런 자신감으로 글을 쓰다 보면 3일 안에 7페이지가 아닌 그 이상 글을 쓰고 있는 자신을 발견할 수 있다.

처음 글을 쓰려고 할 때 초반에 가장 시간이 오래 걸리는 것이 주제를 정하는 것이다. 어떤 주제를 정할지 몰라서 시간 낭비를 많이 하게 되는데 막상 주제가 확정되면 글을 쓰는 것이 어렵게 느껴지지는 않을 것이다. 주제를 정하는 방법은 뒤에 가서 다시 설명하겠다.

3일이라는 시간은 생각보다 짧지만, 전자책 한 권은 충분히 만들 수 있는 시간이다. 책이라는 페이지 분량의 압박감에서 벗어나 가벼운 마음으로 글쓰기를 시작한다면 충분히 완성할 수 있다.

'실천하려는 마음 하나면 1시간 안에도 완성한다.'

Chapter_03

Chapter_03
주제를 정하는 방법

초짜가 가르치는 완전초짜

글을 쓸 때 가장 고민되는 것 중 하나가 주제선정이다. 세상에는 너무 많은 주제들이 있고 과연 그중에서 내가 쓸 수 있는 것이 어떤 것인지 막막하기만 할 것이다.

그럼 지금부터 복잡한 생각은 접어두고 내가 잘하는 일을 떠올려 보자. 다른 사람들보다 조금 더 자신 있거나 어떤 일을 했을 때 칭찬받은 기억을 떠올리면 쉬울 것이다.

그럼 잘하는 것을 떠올렸을 때 당신의 두 번째 고민은 본인의 전문성에 대한 의구심이다. 남들보다는 평균적으로 잘하지만 분명 나보다 더 뛰어난 전문가들이 있다는 것을 당신도 알고 있다. 그럼 이런 어설픈 장점으로 과연 책을 써도 되는 것일까?

'당연히 된다.'

자, 이렇게 생각해 보자. 당신이 초등학생에게 산수의 구구단을 알려준다고 가정해 보자. 당신은 잘 가르칠 자신이 있는가? 분명 당신의 대답은 '그렇다'라고 말을 할 것이다. 초등학생에게 구구단을 알려주는데 수학전공의 대학교수가 필요한 것은 아니다. 오히려 대학교수보다 당신이 좀 더 쉽고 재미있게 알려줄 수 있다.

모든 사람이 모든 일에 중간 정도의 지식이나 기술을 갖고있는 것은 아니다. 그리고 이것은 매우 중요한 사실이다. 나의 장점이 어느 누군가에게는 다음 레벨로 갈 수 있는 큰 도움이 되기 때문이다.

위에 언급한 것처럼 절대적으로 최고점의 지식이나 기술을 가진 사람만이 누군가를 가르칠 수 있는 것이 아니다. 완벽하지는 않더라도 그 완벽함 이하에 지식이나 기술에 목말라 있는 사람들은 늘 존재한다. 그러니까 당신도 지식이나 기술을 본인의 글을 통해서 다른 사람들에게 전달할 수 있다는 얘기다.

자, 그럼 이제 전자책을 통하여 완전 초짜들을 위한 당신만의 노하우를 알려주자. 그 노하우를 필요로 하는 사람들은 당신이 알려주는 방법에 열광할 것이다.

'걸음마를 시작하는 사람에게는 자전거가 아닌,
넘어지지 않게 손을 잡아주는 사람이 필요하다.'

당신이 좋아하는 것들

 우리는 좋아하는 일을 상대방에게 이야기할 때 그 시간을 지루해하지 않는다. 아니, 오히려 시간이 흐른 지 모를 만큼 그 시간을 즐긴다고 말하는 것이 맞는 표현이다. 내가 좋아하는 것을 이야기할 때, 우리는 상대방을 이해시키기 위해서 섬세한 부분부터 모든 것들을 얘기해 줄 수 있다.

 글쓰기에서 상대방은 독자가 되고 상대방에게 들려주는 말은 글로 대신하게 된다. 그럼 내가 좋아하는 것을 어떻게 글로 표현하는지 예를 들어보겠다. 우선 나는 캠핑을 좋아한다. 사람이 없는 자연 속에서 책을 읽고 좋아하는 음악을 들으며, 밤하늘에 별을 보면서 잠드는 캠핑이 너무 좋다. 이렇게 내가 좋아하는 캠핑을 주제로 글을 쓴다면 아래와 같이 쓸 것이다.

 [Chapter.01 금산의 적벽강] 아침 7시, 휴일인 오늘 이른 아침부터 귓가에 알람 소리가 들려온다. 평일에는 시끄럽고 짜증나는 이 알람 소리가 오늘만큼은 나를 위한 힐링 음악이다. 바로 오늘은 예전부터 궁금했던 금산의 적벽강으로 캠핑을 떠나는 날이다.

 어제 마신 술기운이 조금은 남아있지만 이내 기지개를 펴고 화장실로 들어가 차가운 물로 세수를 한다. "아.. 오늘 따라 더 잘생겼네..ㅎㅎ" 거울을 보며 곧 캠핑을 떠난다는 설레임에 미소진 얼굴이 오늘따라 제법 괜찮아 보였다. 어제 쌓아두었던 짐들을 물끄러미 바라보며 한 번 더 빠진 것은 없는지 체크해본다. "아..라면을

2개 더 챙길까..?" 너무 완벽하게 준비한 짐들을 보며 괜스레 작은 욕심이 생긴다.

 이번 목적지 금산은 처음 가보는 지역이지만 이미 그곳을 다녀온 사람들의 블로그를 여러 번 보다 보니 낯선 느낌보다는 이미 친숙한 장소가 되어 버렸다.

 캠핑에 대하여 짧게 5줄 정도만 쓰려고 했는데 쓰다 보니 나도 모르게 이렇게 써 내려가고 있다. 이처럼 좋아하는 일을 생각하면서 글을 쓴다면 어렵지 않게 쓸 수 있을 것이다.

 글을 쓸 때 정말 중요한 것은 즐길 줄 알아야 한다. 특히 처음 글을 쓸 때는 즐기지 못하고 억지로 글을 쓰는데, 이렇게 쓰다 보면 중간에 포기하는 일이 다반사다. 하지만 좋아하는 일에 관하여 글을 쓴다면 이런 일들은 사전에 방지할 수 있다. 지금 이 글을 읽으면서 당신이 좋아하는 것이 떠오른다면 당장 그것을 주제로 글을 써보자.

 '글은 당신이 좋아하는 것을 그냥 쓰면 된다.'

판매확률이 높은 책

 책 판매가 목적이라면 글을 쓸 때 판매확률을 높여주는 주제들이 있다. 지금 알려주는 주제들로 글을 쓴다면 일반적인 주제보다는 더 높은 확률로 책 판매를 할 수 있으니 참고하길 바란다.

 첫 번째 방법은 핫이슈다. 핫이슈는 말 그대로 대중들의 관심이 가장 높은 주제를 타겟으로 한다. 경제, 정치, 사회 등 지금 가장 이슈가 높은 주제를 선별하여 글을 쓰는 것이다. 이러한 핫이슈는 뉴스, 매거진, 인터넷 기사를 통해서 쉽게 확인할 수 있다. 이러한 핫이슈는 정보전달의 글로 많이 쓰게 되는데, 핫이슈에 관한 전문지식이 없다면 검색을 통한 자료수집이나 관련 서적을 찾아보면 된다.

 지금 가장 뜨거운 핫이슈는 '코로나'가 화제의 중심에 있다. 그럼 코로나로 정보성 전자책을 만든다고 가정해 보겠다. 정보성 글은 독자들에게 전문지식을 전달해야 하므로 코로나가 생겨난 원인과 발생지, 코로나의 확산속도, 세계 각 국가의 코로나 대응방식, 백신 개발 및 현재 상황 등 사실적 요소에 입각하여 글을 써야 한다. 그리고 이러한 자료들은 뉴스나 매거진, 인터넷 기사 등을 통해서 수집할 수 있다.

 두 번째 방법은 화제의 키워드다. 화제의 키워드는 핫이슈와 비슷하지만 핫이슈가 경제, 정치, 사회 등에 밀접하다면 여기서 말하는 화제의 키워드는 문화적 포인트에 중점을 맞춘다. 일상의 트렌드를 담고 있는 문화적인 키워드로 현재 유행되는 키워드를 찾아서 추출한다. 그리고 이런 키워드를 주제로 글을 쓰는 것이다. 참고로 대중들의 화제성 키워드는 네이버의 '데이터랩'을 통하여 사람들이 가장 많이 조회하는 키워드를 확인할 수 있다.

 예를 들어 네이버의 데이터랩을 참고하면 패션의류 부분에서 20년 2월부터 7월까지 1위를 유지한 키워드는 '원피스'이다. 그리고 이런 사실을 바탕으로 원피스에 관한 글을 쓰는 것이다. 그러면 '원피스 리폼하기', '나만의 원피스 만들기' 등으로 주제를 잡고 글을 쓸 수 있다.

 세 번째 방법은 베스트셀러이다. 베스트셀러는 핫잇슈나 화제의 키워드 외에 소비자들이 관심 있는 주제를 찾을 수 있다. 그리고 그 주제를 참고하여 글을 쓰면 된다. 베스트셀러는 서점에 있는 베스트셀러 진열대를 확인하거나, 인터넷서점 또는 재능플랫폼 전자책 카테고리 부분에서 가장 상단에 올라온 책들을 참고하면 된다.

 위의 세 가지 주제에는 공통점이 있다. 바로 사람들의 관심사가 높다는 것이다. 물고기가 가득한 어항과 한두 마리 있는 어항에 바늘을 넣는다면 어느 쪽에서 물고기를 잡을 확률이 높을까? 정답은 여러분도 알다시피 물고기가 많은 쪽이다. 즉, 많은 사람들이 찾는 것을 주제로 해야 높은 확률로 책을 판매할 수 있는 것이다.

 '장사도 사람이 많은 곳이면 반은 먹고 들어간다.'

시간을 반영하는 특혜

위에 언급한 세 가지에는 또 다른 공통점이 있다. 바로 '현재'라는 시간이다. 이 시간 위에 있는 이슈들은 매우 민감하므로 언제든지 빠르게 변할 수 있다. 그래서 현재를 반영하는 글을 쓰려면 정말 빠른 유통과정이 가능해야 하는데, 그것이 바로 전자책인 것이다.

종이책은 저자가 출판사에 글을 투고하면 출판사와 계약 후 글을 검수받고 에디터가 한 번 더 수정한 다음 인쇄소에 들어가서 종이책으로 완성된다. 그리고 비로소 계약된 서점에 책이 유통되는 것이다. 이러한 유통방식은 많은 시간을 소비하므로 현재를 반영하는 글을 쓰기에는 어려움이 있다. 그리고 현실적으로 출판사에 투고되는 단계부터 대부분 계약을 맺지 못하고 투고한 글이 탈락하고 만다.

하지만 전자책은 종이책과 달리 매우 간략한 유통과정을 거친다. 전자책은 컴퓨터에서 글을 완성 후 재능플랫폼 사이트에서 상품페이지를 만들면 2~3일의 검수 과정이 끝난 후 바로 소비자들에게 판매할 수 있다. 출판사와의 계약 같은 검수 과정은 존재하지 않으므로 컴퓨터에서 글을 완성하는 것 자체가 인쇄가 완료된 종이책 단계와 같은 것이다.

전자책은 이렇게 빠른 유통과정 덕분에 실시간 화제가 되는 모든 것들을 책으로 만들 수 있다. 이 말은 즉, 주제의 고민 없이 변화

되는 현재에 관해서 계속 글을 쓴다면 지속적인 콘텐츠를 만들 수 있다는 것이다. 하지만 주의할 점은 이렇게 시간을 반영한 글을 쓸 때 출간이 늦어지면 경쟁 작품들이 늘어나고 대중들의 관심 또한 시들해진다는 것이다. 그러므로 시간을 반영한 책은 최대한 빨리 출간하여 시장에서의 우위를 점해야 한다. 이런 것만 지켜진다면 여러분은 전자책으로도 높은 수익성을 얻을 수 있을 것이다.

'시간을 반영하는 책은 출간속도가 판매량을 결정한다.'

Chapter_04

Chapter_04

누구나 하는 글쓰기

제목은 첫 번째 광고

제목은 책이 소비자에게 가장 첫 번째로 홍보하는 1차 광고다. 짧은 문구로 소비자의 관심을 끌 수 있어야 책이 터치되고 다음 페이지로 넘어가면서 구매까지 이어진다. 그런데 전자책은 종이책과 달리 미리 볼 수 있는 내용에 한계가 있으므로 제목의 중요성은 종이책보다 더욱 높다.

그렇다면 책의 제목은 어떻게 정하는 것이 좋을까? 제목을 잘 짓기 위해서 제시하는 방법은 '정공법'과 '어그로'의 결합방법이다.

정공법은 말 그대로 돌려서 말하지 않고 책의 성격을 심플하고 직설적으로 표현하는 것이다. 예를 들어서 본 책의 내용을 정공법으로 표현한다면 '전자책으로 돈 벌기'라고 정할 것이다. 이렇게 제목을 설정한다면 대부분 소비자는 제목만 봐도 어떤 내용의 책인지 단번에 알 수 있다.

다음은 어그로(aggro) 방법이다. 어그로는 인터넷 공간에서 사람들의 관심을 끈다는 표현으로 많이 사용하며, 관심받기를 좋아하는 사람을 '어그로꾼'이라고 말한다. 이처럼 관심을 받기 위해 어그로 방법으로 책 제목을 정하는 것이다.

본 책의 제목을 정공법으로는 '전자책으로 돈벌기'였지만, 어그로 방법으로 제목을 정한다면 '전자책으로 10억 만들기'라는 조금은 자극적인 문구로 짓는 것이다. 이처럼 어그로는 사람들의 호기심을 자극하고 궁금증을 유발하는 매우 효과적인 방법이다.

 그럼 정공법과 어그로의 단점은 무엇일까? 정공법으로 지은 제목은 소비자들이 어떤 책인지 쉽게 이해할 수 있지만, 밋밋하고 임팩트가 없어서 자칫 심심한 느낌을 준다. 반면 어그로 제목은 임팩트가 있고 사람들의 호기심을 자극하지만, 책의 내용이 제목을 감당하지 못하면 뻥튀기 같은 허구성 책으로 전락하고 만다.

 그러므로 두 가지 방법의 장점만 뽑아서 이용하는 것이다. 정공법으로 소비자를 이해시킬 수 있으면서 어그로 방법으로 과하지 않게 호기심을 유발하는 것이다. 이렇게 장점만 살려서 지금 쓰고 있는 본 책의 제목을 짓는다면 여러분은 반드시 구매할 것이다.

'전자책으로 두 번째 월급 만들기'

모든 책의 핵심은 목차

책의 제목이 소비자에게 어필하는 1차 광고였다면 책의 목차는 2차 광고이다. 대부분 소비자가 책의 제목을 보고 다음 페이지를 넘겼을 때 보는 곳이 목차이며, 그 이유는 목차만 봐도 책이 무슨 내용을 담고 있는지는 알 수 있기 때문이다.

이처럼 목차는 책의 모든 내용을 가장 간결하게 보여주고, 목차를 완성했다는 것은 책 쓰기에 절반 이상을 완성했다고 말할 수 있다. 그만큼 목차는 책을 구성하는데 가장 기본적이면서 중요한 뼈대이다. 그리고 이 뼈대가 바로 서야 살을 붙일 때 제대로 된 형태가 완성된다. 즉, 목차에 따라 내용이 결정되고 그 내용이 모여서 한 권의 책으로 완성되는 것이다.

목차는 크게 부(Part)와 장(Chapter)으로 나눈다. 부 안에 장이 있고 장 안에는 중제목, 그 밑으로 소제목이 있다. 일반적으로는 가장 큰 제목을 장(Chapter)으로만 분류해도 매끄러운 목차를 만들 수 있으며, 이 책 역시 장으로만 이루어져 있다.

부(Part)는 가장 큰 대제목이며, 한 권의 책 안에서 정말 큰 범주로 새로운 전개를 하지 않는 이상 사용하는 일이 많지는 않다. 부(Part)가 필요 없는 작은 단위의 책에서 부(Part)제목까지 목차를 구성하게 된다면 목차 내용이 더 잘게 분류되어 복잡한 형태로 독자에게 혼란을 줄 수 있다. 물론 작가 역시 이런 형태로 구성된 목차로 글을 쓴다면 매우 힘들 것이다.

그럼 목차는 어떻게 만들어야 좋은 것일까? 우선 첫 번째로 목차는 상위제목과 하위제목에 연관성이 있어야 한다. 예를 들어 상위제목이 '전자책의 미래전망'이면 하위제목은 '소프트웨어의 진화', '하드웨어의 보급', '전자책 시장의 다양성' 등으로 제목을 설정할 수 있다. 그런데 상위제목과 연관성 없는 '전자책 주제 정하기' 같은 하위제목은 안되는 것이다.

두 번째는 문맥의 규칙이다. 상위제목에서 문장형이면 하위제목도 문장형, 단어형이면 하위제목도 단어형으로 규칙적으로 맞추게 좋다. 규칙적인 목차설정은 독자가 쉽게 책의 흐름을 이해할 수 있도록 도와주는 좋은 설정이다.

세 번째는 기-승-정-결이다. '기'에서 나무를 그렸다면 '승'에서 나무를 감싸는 풀들을, '정'에서는 풀들에 어우러진 바위들을 그린다. 그리고 '결'에서 이것들의 하나로 엮어서 숲으로 완성 시켜야 하는데 초보자일수록 장(Chapter)마다 나무만 그리고 숲을 완성 시키지 못한다. 그러므로 목차를 구성하기 전에 숲을 미리 구상해 놓고 흐름에 맞게 각 장(Chapter)들을 만든 다음, 밑으로 작게 제목들을 분류하면서 목차설정을 하면 되겠다.

'목차에 기승정결이 없다면 끝이 없는 길과 같다.'

누구나 하는 글쓰기

목차를 완성하였다면 내용을 작성하는 것은 좀 더 쉽다. 흔히 내용을 작성하는 부분에서 페이지의 많은 글을 어떻게 채울 수 있을까 걱정하는데 이는 결코 어려운 것이 아니다. 내용작성은 목차의 중제목, 소제목만 결정되었다면 매우 쉽게 글을 쓸 수 있다. 그럼 페이지의 제목으로 어떻게 내용을 작성하는지 알려주겠다.

내용을 쉽게 작성하는 방법은 페이지의 제목를 해부하는 것이다. 즉, 제목의 단어와 문장을 풀이하는 것이다. 예를 들어 내용을 작성해야 하는 페이지의 제목이 '나도 작가가 되고 싶다.'라는 정보전달의 글을 쓴다고 가정해 보겠다. 여기에서 '나'라는 주체는 독자들이 될 수 있으며, '작가'의 단어를 풀이하면서 작가의 뜻과 작가가 되기 위한 준비과정을 내용으로 쓰면 된다.

작가는 글을 통하여 창작활동을 업으로 삼은 사람들이다. 표현력, 창의력, 추리력 등을 이용하여 글을 쓰며, 글을 통하여 독자들과 교감한다. 영화, 연극, 방송, 만화, 책 등으로 작가 분야를 나눌 수 있는데, 여기서 내가 되고 싶어 하는 작가는 대표적으로 책을 쓰는 작가를 뜻한다.

기존에는 작가가 되기 위해서 4년제 대학의 국문학과나 문예과를 전공해야 했지만, 이제는 비전공자도 할 수 있을 만큼 진입장벽이 낮아졌다. 유명 인플러언서들 역시 SNS에 글을 쓰면서 작가로 데뷔하는 일도 잦아졌다. 그럼 작가가 되기 위해서 무엇을 준비해야 할까?

이런 식으로 제목을 해부한 다음 거기에 맞게 글을 쓰면 된다. 그리고 내용작성을 할 때도 기-승-전-결을 최대한 유지하면서 글이 엉뚱한 방향으로 흐르지 않게 한다. 기승전결 없이 작성된 내용은 제목을 뒷받침하는 힘이 부족하여 매끄럽지 않은 글로 전달될 수 있기에 주의해야 한다.

'페이지의 제목은 내용을 표현하고,
그 제목들이 모여서 장(Chapter)이 되고 부(Part)가 된다.'

알고 쓰는 폰트

TV, 매거진 그리고 길거리 간판 등에서 우리는 무수히 많은 폰트를 접하며 살아간다. 그리고 지금의 폰트는 기본적인 글자표현을 넘어서 디자인적으로도 많이 변화하였다.

바로 이렇게 디자인적으로 변화된 폰트들은 책 표지의 제목으로 사용하기에 좋다. 제목은 앞서 이야기했듯이 책 판매를 위한 1차 광고다. 이런 책의 제목을 화려하거나 시안성이 좋은 폰트를 사용한다면 마케팅으로 훌륭한 역할수행을 하는 것이다.

책 내용을 표현하는 폰트는 디자인적인 폰트보다 기본폰트를 사용하는 것이 좋다. 책의 내용은 독자들이 장시간 눈으로 읽어나가기 때문에 화려하지 않으면서 눈의 피로가 덜 가는 기본폰트를 사용하는 것이다. 그리고 그 안에서 두께나 밑줄, 기울임 같은 효과를 활용하면서 독자들에게 강조하고 싶은 문구를 표현할 수 있다.

여러분들도 전자책을 쓰면서 많은 폰트를 직접 사용하게 될 텐데, 위의 기본적인 사항들 외에 정말 중요한 것이 있다. 바로 폰트의 저작권이다. 모든 폰트는 저작권을 갖고 있으며, 유료폰트와 무료폰트로 분류할 수 있다.

유료폰트는 말 그대로 해당 폰트의 사용료를 지불하고 유료로 사용하는 것이다. 하지만 일반인들은 이런 사실을 잘 모르고 웹상에 떠도는 유료폰트를 그냥 다운을 받아서 사용하는 일이 많다. 하지만 이는 명백한 저작권 위반이며 추후 해당 폰트업체로부터 법적 고발을 당할 수 있다. 법적 고발을 당했을 때는 업체와 합의를 해야 하는데 금액은 수십에서 수백만 원까지 다양하다. 그러므로 유료폰트를 구매할 것이 아니라면 아예 사용하지 않는 것이 좋다.

이런 문제점을 대체할 수 있는 것이 바로 무료폰트다. 무료폰트는 말 그대로 무료로 사용 가능한 것이며 요즘은 유료폰트 못지않게 품질의 좋은 폰트들이 나오고 있다. 참고로 본 책의 표지 제목과 내용 모두 무료폰트를 사용했다. 하지만 무료폰트에도 체크 사항은 있다. 바로 무료폰트에도 저작권이 있다는 것이다.

무료폰트는 사용범위에 따라 개인, 상업용, 인쇄, 출처표기 등 사용할 수 있는 범위를 알려준다. 이런 사용범위는 폰트의 종류마다 제각기 다르므로 꼭 확인 후 사용해야 한다. 이런 점들만 잘 참고한다면 무료폰트만으로도 멋진 작업물을 만들 수 있을 것이다.

'무료폰트도 저작권 사용범위를 꼭 확인해야 한다.'

글쓰기 프로그램

 전자책을 쓰기 위해서는 대표적인 문서프로그램 '한글'과 'MS워드' 그리고 인터넷 문서작성 구글 '닥스(DOCS)'가 있다.

 한글은 한글과컴퓨터에서 개발한 문서 프로그램이며, MS워드는 마이크로소프트에서 개발한 오피스 프로그램 중 하나이다. 전자책을 위한 글쓰기 프로그램은 어느 것을 사용해도 상관없지만, 각 프로그램 마다 사용자의 인터페이스 차이가 있으므로 본인이 편한 것을 사용하면 된다. 참고로 이 책은 한글 프로그램을 사용했다.

 만약 한글이나 MS워드 프로그램이 없다면 인터넷 문서 프로그램을 이용하여 글을 쓸 수 있다. 대표적인 것이 바로 구글의 닥스(DOCS)이다.

 구글 닥스는 작성한 글을 PDF로 파일로 저장할 수 있으며, MS워드파일, E-PUB출판물 파일로도 저장할 수 있다. 그리고 전자책의 무단배포를 방지하기 위해 권한을 부여한 사용자(구매자)만 접속하여 글을 읽을 수 있는 기능도 제공한다. 또한, 구글 닥스의 가장 큰 장점은 실시간 업데이트가 가능한 것이다.

 기존에 전자책을 PDF파일로 구매한 사람들은 책 내용이 보강되거나 수정되어도 그 내용을 알 수 없지만, 닥스로 구매한 사람들은 책을 읽기 위해 접속할 때마다 작가가 업데이트한 내용으로 책을 읽을 수 있다.

마지막으로 3가지 프로그램을 사용하여 글을 완성하였다면 저장은 PDF파일로 하면 된다. 플랫폼 업체에 따라 E-PUB파일을 요구하는 곳도 있지만, 우리가 판매하려는 크몽이나 탈잉은 PDF파일로 판매할 수 있다. 참고로 닥스(DOCS)는 위에 언급했듯이 책 판매를 인터넷 접속 권한으로 부여한다면 따로 PDF파일을 만들 필요는 없다.

 프로그램은 글을 쓰는데 큰 비중을 차지하지 않는다. 그러므로 본인 취향에 맞는 프로그램을 사용하면서 글을 쓰면 되는 것이다. 혹시라도 프로그램을 잘 몰라서 결정하기 어렵다면 한글 프로그램을 추천하겠다.

 '문서 프로그램은 본인이 편한 것을 선택하면 된다.'

Chapter_05

Chapter_05
전자책 완성

예쁘게 포장한 표지디자인

모든 글을 완성하였다면 우리는 소비자에게 판매할 내용물을 모두 준비한 것이다. 이제 정성스럽게 만든 내용물을 예쁜 케이스에 담아서 그럴싸한 포장으로 소비자의 이목을 끌면 된다. 그것이 바로 표지디자인 작업이다.

아마도 지금 이 글을 읽는 분들 중 대부분은 디자인 경험이 없을 것이다. 그럼 디자인을 잘 모르는 당신이 어떻게 소비자의 이목을 끌 수 있는 좋은 디자인을 할 수 있을까?

결론부터 얘길 한다면 안타깝게도 당신은 할 수 없다. 디자인을 배우면서 공부하다 보면 나중에는 할 수 있겠지만 지금 당장은 할 수 없다는 뜻이다. 그럼 당장 이 부족한 부분을 어떻게 해결할 수 있을까? 해결책에는 두 가지 방법이 있다. 바로 디자인 템플릿을 제공하는 업체와 외주제작 업체를 이용하는 것이다.

디자인 템플릿을 제공하는 가장 대표적인 곳은 '망고보드'이다. 망고보드는 무료로 이용할 수 있는 서비스제공을 하면서도 사진부터 일러스트까지 많은 디자인 템플릿을 보유하고 있다. 그중에서 본인이 마음에 드는 디자인을 선택해서 수정할 수 있으며, 수정된 디자인을 이미지 파일로 다운을 받을 수 있다. 수정은 초보자도 쉽게 할 수 있는 인터페이스를 제공하므로 해당 사이트에서 직접 이용해 보기를 권장한다. 망고보드 : www.mangoboard.net

또 다른 방법은 외주를 맡기는 방법이다. 외주를 맡길 수 있는 대표적인 사이트가 바로 우리가 전자책을 판매하려는 크몽이다. 크몽에는 수 많은 디자이너들이 디자인 서비스를 판매하고 있다. 그리고 그중에서 마음에 드는 판매자에게 본인이 만들고 싶은 디자인 컨셉을 문의하고 제작, 진행하면 되는 것이다.

'디자인이 가능한 분들께 포토샵 셋팅 시 참고사항'
색상모드 RGB, 해상도 300dpi

포토샵 작업 시, 색상모드는 RGB로 설정한다. RGB는 빛의 색상으로 일반 하드웨어 화면(모니터, 핸드폰 등)으로 보는 색상이다. 전자책 역시 전자기기를 통해 보는 것이므로 RGB 색상모드로 작업해야 한다. (종이책처럼 인쇄한다면 CMYK 색상모드로 작업해야 한다.)

해상도 설정은 300dpi로 한다. 해상도는 말 그대로 이미지의 품질지수이다. 이미지 해상도가 높을수록 확대를 해도 이미지가 깨지지 않는다. 일반적으로 모니터로 보는 이미지는 72dpi 해상도로 작업을 해도 상관없지만 추후 인쇄나 기타 응용작업들을 할 수 있기에 처음부터 300dpi로 작업하는 것을 추천한다. (종이책처럼 인쇄하는 것도 300dpi로 작업하면 된다.)

마지막으로 이미지 파일을 저장할 때는 JPG파일, 품질은 100으로 설정하여 저장하면 된다.

완성된 책의 생명 ISBN

전자책 쓰기를 모두 완성했다면 바로 판매를 시작할 수 있다. 하지만 이왕 제작한 책에 진짜 책다운 생명력을 불어넣어 주는 것은 어떨까? 바로 ISBN(International Standard Book Number)이다. 사람에게 주민등록번호가 있다면 책에는 ISBN이 있다. ISBN은 '국제표준도서번호'로서 전 세계에서 생산되는 도서에 부여되는 고유번호이다.

ISBN을 발급받는 방법은 출판사를 등록한 다음 서지정보유통지원시스템(seoji.nl.go.kr)에서 발급 신청을 할 수 있다. 하지만 일반인이 ISBN을 발급받기 위해서 출판사를 등록할 수 없는 일이기에 일반인도 발급받을 수 있는 2가지 방법을 알려주겠다.

첫 번째는 출판사에 대행을 맡기는 것이다. 일부 출판사에서는 일정 비용을 받고 ISBN 발급 및 납본 대행 서비스를 하고 있으므로 이를 이용하면 된다. 참고로 납본이란 국립중앙도서관에 ISBN을 발급받은 책을 소장하도록 보내주는 것을 말한다. 이는 ISBN을 발급받은 모든 도서는 국립도서관에 납본하도록 법으로 규정을 해놓았기 때문이다.

두 번째는 부크크 사이트(http://www.bookk.co.kr)를 이용하는 것이다. 부크크에서는 사용자가 작성한 책을 판매할 수 있도록 제작 및 유통을 해주는 서비스를 하고 있다. 부크크에서 책을 등록하는 과정 중에 ISBN 발급 서비스가 포함되어서 쉽게 신청을 할 수 있다. 단, 부크크에 책을 등록하기 위해서는 책의 페이지 수가 최소 50페이지 이상일 경우에만 가능하므로 참고하도록 하자.

'ISBN을 발급 받으면
내가 쓴 책이 국립중앙도서관에 등록된다.'

내 책을 홍보하는 3가지 팁

전자책 글쓰기를 모두 완성하였다면 이제 판매를 하면 된다. 내가 쓴 글을 누군가 돈을 내면서 읽는다고 생각해 보자. 이 얼마나 흥분되는 일인가. 내가 쓴 글이 다른 누군가에게는 돈을 주고 구매하고 싶은 재화의 가치가 있다는 것이다. 그럼 이토록 열심히 준비한 전자책을 어떻게 판매해야 하는지 알아보겠다.

우선 전자책의 가격은 현재 시중에서 약 1만원에서 6만원 사이에 판매되고 있으며, 가장 대중적으로 판매되는 가격은 약 1만 5천원 선이다. 그리고 전자책을 판매할 수 있는 대표적인 곳은 재능플랫폼, SNS, 커뮤니티 이렇게 3가지 방법이 있다.

재능플랫폼은 우리가 가장 많이 알고 있는 대표적인 사이트로 크몽이 있다. 크몽은 가장 많은 전자책 거래가 이뤄지는 재능플랫폼 사이트로 전자책 외에도 많은 재능콘텐츠를 판매할 수 있다. 전자책을 완성하였다면 크몽에 가입해서 '전문가'로 등록을 한 다음 전자책 판매페이지를 작성하면 된다. 그러면 크몽에서 심사가 이뤄지고 승인이 난 다음부터 판매할 수 있다.

크몽은 광고를 하지 않아도 크몽 자체적으로 유입되는 소비자들이 있기에 나의 상품이 어느 정도 노출된다. 물론 광고를 하면 더욱 좋은 위치에 나의 상품을 노출 시킬 수 있지만, 처음부터 광고를 진행하는 것 보다 시장의 반응을 살핀 후 진행 여부를 결정하는 것이 좋다.

크몽에서 전자책이 판매되면 판매가의 20%를 판매 수수료로 지불해야 하는데, 이것은 선결제 방식이 아닌 판매가 이뤄졌을 때 자동으로 차감되어 정산된다. 그리고 정산된 금액은 따로 출금신청을 해야 본인이 등록한 계좌로 입금이 된다.

크몽 이외에도 재능플랫폼은 탈잉, 오투잡, 알지 등이 있으며 최대한 많은 곳에 전자책을 등록하면 된다. 당연한 얘기지만 판매처가 많아질수록 소비자에게 상품 노출횟수가 증가하고 노출 빈도수는 곧 판매확률로 이어지기 때문이다.

다음은 SNS이다. SNS는 유튜브, 페이스북, 인스타그램, 블로그 등이 있으며, 이것들을 이용한 직접 판매하는 방식과 마케팅용으로 활용하는 방식이 있다.

직접 판매는 말 그대로 내가 직접 소비자에게 홍보하고 판매하는 방식이다. 판매를 위해서는 마케팅 방법을 알아야 하며, 판매하는 SNS 채널도 소비자에게 신뢰감을 주어야 한다. 이런 직접 판매의 가장 큰 장점은 판매 수수료가 없다는 것이다. 중간 유통이 없다보니 판매대금을 모두 본인 수입으로 가져갈 수 있다.

하지만 이런 직접 판매도 위에 언급한 신뢰성을 얻지 못하면 판매까지 이뤄지기는 쉽지 않다. 대표적인 재능플랫폼은 기업에서 운영하는 믿을만한 사이트이며, 소비자와 판매자의 중개역할을 담당하고 있어서 소비자는 구매에 대한 걱정없이 상품을 살 수 있다. 그런데 독립적인 사이트도 아닌 개인이 운영하는 SNS 채널이라면 이야기는 달라진다.

 우선 채널 안에 특별함이 없다면 사람들의 유입이 생기지 않으면서 상품의 노출 빈도수가 떨어지고 이는 구매 확률에 큰 영향을 미치게 된다. 또한, 신뢰할 수 있는 중개역할이 없고 결제 부분의 불신문제로 소비자가 구매까지 도달하기에는 어려움이 생긴다. 특히 단기간에 만들어진 SNS 채널은 더욱 그렇다.

 단기간에 생선 된 SNS 채널은 소비자가 볼 수 있는 정보들이 많이 없다. 이용후기, 만족도, 소통 등은 소비자가 먹튀나 제품불신에 대한 의문점을 풀 수 있는 자료인데 이러한 정보가 많지 않다는 것이다. 그리고 가장 중요한 중개역할의 부재이다. 소비자가 입금을 하였는데 자료를 보내주지 않거나, 자료내용이 홍보내용과 달랐을 시 소비자의 편을 들어줄 수 있는 중개역할이 없다는 것이다. 이것은 소비자로서 제품을 구매하는데 매우 큰 영향을 미친다. 그래서 단기간으로 생성된 SNS 채널이라면 직접 판매 대신 마케팅으로 활용하는 것이 좋다.

 마케팅 채널은 말 그대로 SNS를 홍보페이지로 사용하면서 소비자를 나의 재능플랫폼 상품으로 끌어오는 수단이다. 재능플랫폼으로 유입된 소비자는 제품 구매 시 재능플랫폼이라는 중개역할 기업이 있으므로 신뢰성에 대한 불신은 느끼지 않는다.

 그렇다면 SNS 채널은 무조건 신뢰성이 떨어지는 것일까? 그렇지는 않다. SNS의 신뢰성은 오랜 활동 기간과 소통으로 만들어 갈 수 있다. 즉, 시간과 대중들과의 양방향 소통이 SNS의 신뢰성을 만들어주는 도구인 것이다. 그리고 이것이 오랜 기간 지속 되면 채널의 신뢰성은 더욱 높아지고 마케팅과 판매를 넘어서 나를 브랜딩시킬 수 있는 좋은 수단이다.

 마지막은 커뮤니티다. 카페, 밴드, 동호회 사이트처럼 사람들이 밀집한 곳에 가입하고 활동을 하면서 홍보를 하는 것이다. 커뮤니티의 장점은 많은 사람이 모여 있는 곳에서 짧은 시간 안에 홍보를 할 수 있다는 것이다.

 커뮤니티에서 홍보할 때 주의해야 할 사항은 직접적인 광고 글이 아닌 직접 구매를 한 소비자의 입장에서 글을 작성하는 것이 좋다. 그래야 사람들이 호기심을 갖고 링크된 상품페이지까지 도달할 확률이 크다. 직접적인 광고 글은 사람들에게 반감을 주고 커뮤니티의 관리자로부터 행동 제재를 받을 수 있으므로 이런 점을 주의해야 한다.

        ‘상품은 노출이 많을수록 판매확률이 높아진다.’

실천,실천,실천, 끝

 이제 전자책을 작성하는 방법에 대하여 모든 것을 알려 드렸습니다. 마지막으로 가장 중요한 것이 바로 실천입니다. 여러분이 아무리 지식을 습득하고 밖으로 내보내지 않는다면 그것은 머릿속에 있는 생각일 뿐입니다. 실천해야 변화하고 여러분이 상상하는 현실에 한 발짝 더 다가설 수 있습니다.

 이제 여기까지 다 읽으셨으니 바로 문서 프로그램을 설치하고 실행시켜주세요. 문서 프로그램을 실행하면 빈 여백에 무엇을 적을지 생각하게 되고 그러다 보면 그때부터가 바로 시작이 됩니다. 생각 후 실행이 아닌, 실행 후 생각하는 것입니다.

 깜빡이는 커서를 보면서 문장 한 줄을 적는 것과 아무것도 적지 않는 것은 실행력의 천지 차이입니다. 믿기지 않는다면 지금 당장 문서 프로그램을 실행 후 한 줄만 적어보세요. 당신의 열정이 뜨거워지는 것을 느낄 수 있을 겁니다.

‘무슨 일이든 자기가 배운 것을 행동하면 변화됩니다.’

읽어주신 모든 분들께

본 문의 내용을 정중한 글로 작성 시, 루즈한 느낌으로
무덤덤하게 글이 읽히는 것을 방지하고자
짧은 말로 표현하였습니다.
불쾌한 부분이 있었다면 정중히 사과드리며,
읽어주셔서 고맙습니다.